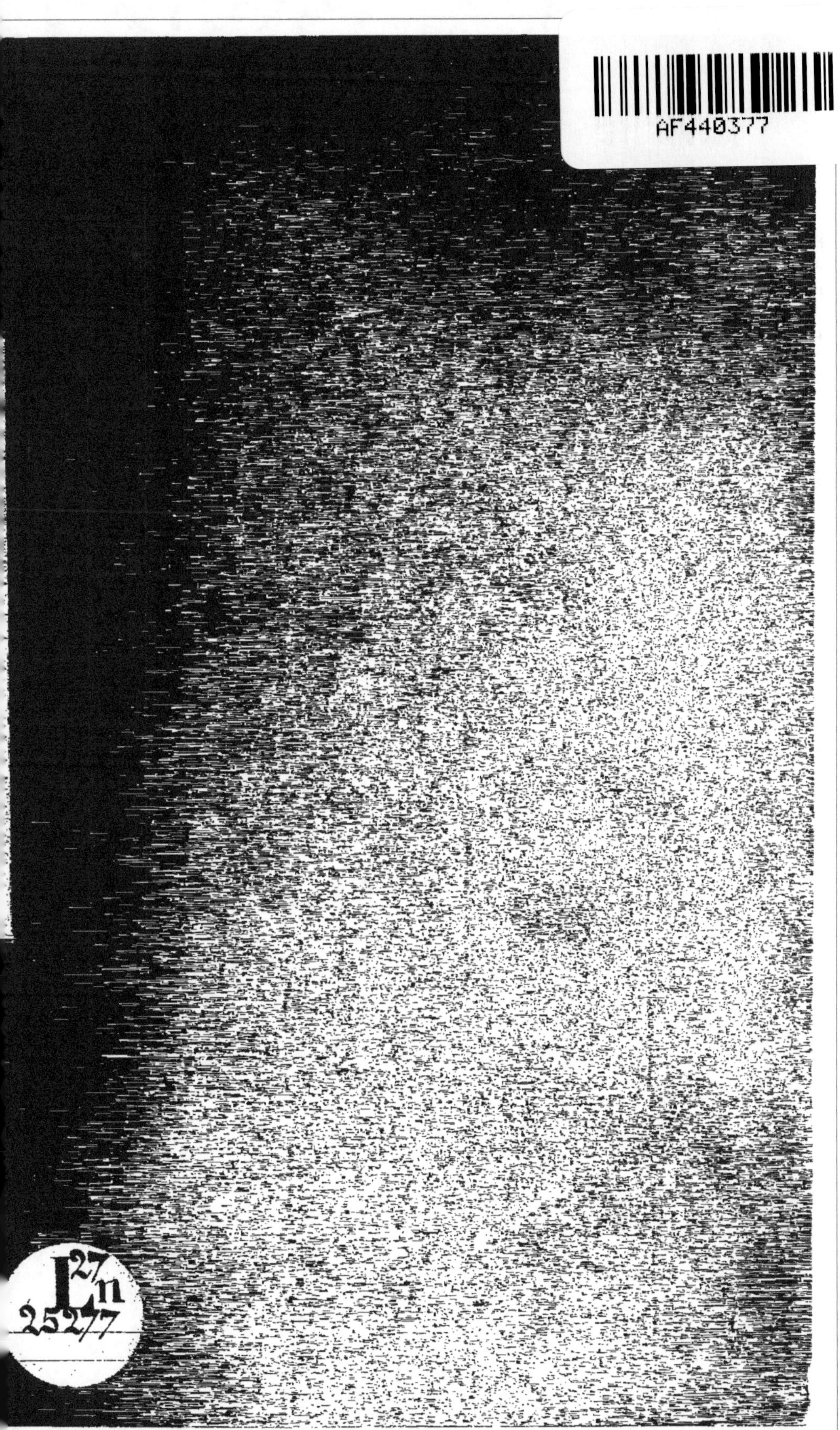

LE DOCTEUR

L.-T. J. GODEFROY

MEMBRE DU CONSEIL MUNICIPAL DE LILLE

ET DU CONSEIL GÉNÉRAL DU DÉPARTEMENT DU NORD,

ANCIEN PRÉSIDENT DE LA SOCIÉTÉ CENTRALE DE MÉDECINE

ET VICE-PRÉSIDENT DE L'ASSOCIATION DE PRÉVOYANCE

DES MÉDECINS.

LILLE, IMPRIMERIE LELEUX, GRANDE-PLACE, 8.

1869

LE DOCTEUR

L.-T.-J. GODEFROY

Le docteur L. Godefroy est mort le jeudi 23 septembre , à l'âge de soixante-deux ans , et ses obsèques ont été célébrées le dimanche suivant.

Dans sa profession de médecin, comme homme politique, avec ses très nombreuses relations, et dans sa vie privée, cet homme de bien n'a excité que des affections vives et les meilleures sympathies. Il a montré à tous un mérite réel, un grand succès, un beau caractère, une indépendance absolue, sans s'être fait un seul ennemi, sans éveiller l'envie. Il a été un exemple.

Les soins incessants d'une fort nombreuse clientèle, unis à ses travaux dans les commissions du Conseil général du Nord et du Conseil municipal de Lille, sa vigilance pour la Société de médecine et pour l'association des médecins du département , avaient fini par excéder ses forces sans l'arrêter dans une activité fatale, où l'affection organique qui l'a emporté a puisé sans doute son germe et une marche trop rapide.

Monsieur L. Godefroy a succombé à une maladie de l'estomac, la plus grave de cet organe. Tel a été le diagnostic des nombreux confrères qui l'ont sans cesse entouré durant les neuf jours qui ont précédé sa mort, après une première et très grave hémorrhagie. Les alternatives d'un mieux relatif ont ensuite donné un espoir de le conserver valétudinaire, qui ne pouvait pas se réaliser. Malgré les soins les plus intelligents, les plus vigilants, les plus affectueux, une syncope prolongée, provoquée sans doute par une nouvelle hémorrhagie interne, a mis fin à cette belle et noble existence.

Le docteur L. Godefroy a montré dans la mort le calme des stoïceins antiques. Sa compétence alors cruelle, sur la nature de sa maladie, ne lui laissant pas d'illusion, il n'en a pas moins gardé la sérénité d'une conscience nette, l'aménité énergique d'un grand cœur, une intelligence élevée, arrêtée dans ses principes. Comme les grands hommes anciens dont, sans la moindre affectation, sans s'en douter assurément, il suivait le modèle, c'est lui qui consolait son entourage désolé, et ses amis mornes avant la grande séparation.

Par un pieux hommage pour cette mémoire, on a réuni ici les quatre discours prononcés sur sa tombe et ce que la presse de Lille, de toutes les nuances, a publié à l'occasion d'une perte, où toutes les opinions politiques ont eu leur part. C'est un genre de monument qu'on ne peut élever qu'à ceux qui ont vécu avec une valeur personnelle, vraie, sans ostentation ; avec une honorabilité qui s'est imposée à chacun, même dans les luttes pour le triomphe d'idées qui ont tant d'adversaires, mais qui devraient sembler justes à tous quand de tels hommes les proclament.

Le marbre et le bronze passent. Ce qui est écrit à la gloire des hommes de bien demeure éternel. Mausole est mort ; Socrate vivra toujours.

DOCTEUR P. REY.

Le **Propagateur du Nord et du Pas-de-Calais**, journal de l'opinion légitimiste cléricale, annonçait par ces quelques lignes la mort du docteur L, Godefroy :

— Nous avons le regret d'annoncer la mort de M. le docteur Godefroy. Il a succombé cette nuit à la maladie qui, depuis plus de huit jours tenait sa famille et ses nombreux amis dans de continuelles alarmes. M. Godefroy termine, à l'âge de 62 ans, une longue carrière pleine de dévouement médical pour toutes les classes de la société. Membre du Conseil général, du Conseil municipal, ancien président de la Société centrale de médecine du département, et vice-président de l'Association des médecins du Nord; ces divers titres témoignent de son activité pour la chose publique et de son honorabilité professionnelle.

Nous avons eu, on le sait, plus d'une occasion de combattre les opinions politiques de M. Godefroy ; mais nous regardons comme un devoir de rendre hommage à sa loyauté, et de nous associer aux regrets que sa mort cause à la population tout entière.

Les funérailles seront célébrées dimanche, dans l'église de la Madeleine.

Le **Mémorial de Lille**, organe du gouvernement et de la préfecture, s'exprimait ainsi :

— Nous apprenons ce soir la mort de l'honorable docteur Godefroy, membre du Conseil municipal et du Conseil général. La vie publique de M. Godefroy est assez connue et l'on comprendra que ce n'est pas à nous de rappeler des opinions et des actes d'un homme qui comptait parmi nos adversaires politiques.

Il nous est plus facile de dire de l'homme privé tout le bien qu'il mérite et de rendre justice à des qualités que tous nos concitoyens ont depuis longtemps appréciées. Il est des hommes dont on est séparé par les opinions et les doctrines, mais au caractère desquels on ne saurait refuser une complète estime.

L'Echo du Nord, c'est-à-dire l'écho de l'opinion libérale, écrivait d'abord à la hâte ces quelques lignes; reproduisait le lendemain l'article nécrologique de son confrère le **Progrès du Nord,** et publiait, après les obsèques, tous les discours que nous rassemblons ici.

— Au moment de mettre sous presse, nous recevons une douloureuse nouvelle ; la mort de M. le docteur Godefroy, membre du Conseil général et du Conseil municipal, l'un des chefs les plus vénérés de la démocratie lilloise. Cette perte sera d'autant plus profondément sentie par le parti libéral, qu'elle survient au moment où la mort de notre pauvre ami Fémy est encore toute récente ; elle impressionnera la ville toute entière, dont M. Godejroy était l'un des citoyens les plus honorables et les plus unanimement estimés.

Les articles du Progrès dn Nord sont les plus remarquables. Les amis particuliers du docteur Godefroy, quelle qu'en soit l'opinion, se joignent à la démocratie, pour en remercier **M. G. Masure,** leur auteur.

— Un nouveau deuil vient d'atteindre la démocratie lilloise; la nuit dernière, le docteur Louis Godefroy est mort à la suite d'une douloureuse maladie. Il n'était âgé que de soixante-deux ans.

Des voix plus autorisées que la nôtre diront ce qu'a été l'homme de science, le médecin qui a si dignement rempli jusqu'au dernier jour ses devoirs professionnels. Jeune encore lorsqu'il commença à Lille l'exercice de la médecine, M. Godefroy habitait le quartier

Saint-Sauveur, foyer de tant de misères et de maladies ; il y conquit tout d'abord, au milieu de la classe ouvrière à laquelle il donnait tous ses soins, une grande notoriété qui ne tarda pas à s'étendre ; mais, tandis que sa situation allait en grandissant, il ne consentit jamais à abandonner sa première clientèle, et depuis de nombreuses années, arrivé à l'une des premières positions médicales de la ville, il était toujours le médecin des pauvres. On peut dire qu'il a ébranlé sa santé, en se multipliant avec un désintéressement admirable et en se dévouant à tous ceux qui faisaient appel à ses lumières, à son expérience, à sa charité. La veille du jour où il s'étendit sur son lit de douleur pour ne plus se relever, il passait encore une matinée entière au chevet d'un malade, et on dut presque lui faire violence pour lui imposer un peu de repos.

Malgré ses préoccupations professionnelles, M. Godefroy n'avait jamais délaissé l'étude des plus hautes questions politiques, sociales et philosophiques. C'était un penseur, un érudit, qui, par le raisonnement plus encore que par le sentiment, s'était voué tout entier au culte de l'idée démocratique. Il puisait dans ses convictions républicaines cet ardent amour de l'humanité qui le distinguait entre tous. Sa foi n'était pas une foi stérile et savait se traduire par des actes.

Sous le gouvernement de Juillet et sous la République de 1848, M. Godefroy avait fait partie du Conseil municipal de Lille. Au 2 décembre, il protesta publiquement contre l'attentat du président et donna sa démission. En 1864, ses amis ayant fait appel à son dévouement, il rentra dans la vie publique et fut élu tour à tour conseiller général et conseiller municipal. Dans ces deux assemblées, il avait en quelque sorte la spécialité des questions se rattachant à l'instruction du peuple. On se rappelle qu'il fut un de ceux qui contribuèrent le plus à la réforme introduite l'année dernière dans les écoles primaires de la ville de Lille. Il a rendu ainsi un grand service à la cause de l'instruction populaire.

Parlerons-nous de l'homme privé? la ville entière connaissait sa bienveillance exquise, son extrême modestie, son honnêteté scrupuleuse, sa loyauté, sa délicatesse. M. Godefroy était entouré de l'estime universelle ; ses adversaires politiques eux-mêmes le regrettent.

La mort de ce républicain austère, qui cause dans nos rangs un vide immense, sera un deuil public.

—Hier, à onze heures et demie, ont eu lieu les funérailles de M. le docteur Godefroy. Longtemps avant l'heure indiquée, une foule considérable avait envahi la place du Concert ; nous y avons remarqué plusieurs membres du Conseil général, le corps municipal tout entier, le maire, les adjoints, les conseillers municipaux, un nombre considérable de citoyens appartenant à toutes les classes de la société, beaucoup de travailleurs. Sur les visages on lisait l'expression des regrets qu'inspire la perte de cet honnête homme, de ce véritable ami du peuple, de ce républicain éprouvé qui n'a jamais eu d'autre ambition que celle de faire le bien.

On s'entretenait dans les groupes des vertus de l'homme modeste que la mort vient de frapper, des services qu'il a rendus, de l'inébranlable fermeté de ses convictions. Porté par son caractère bienveillant vers les mesures de conciliation lorsqu'il ne s'agissait que d'intérêts secondaires, il repoussait avec dédain tous les compromis lorsque les questions de principes étaient en jeu. C'était un radical dans toute la forme du terme, et, comme son radicalisme était basé sur l'étude et sur la science, il ne se contentait pas des solutions incomplètes et souvent mensongères , à l'ombre desquelles tant d'apostasies sont abritées. C'est ainsi qu'en politique il ne comprenait pas l'exercice du suffrage universel sans la souveraineté réelle et effective de la nation ; c'est ainsi, dans le même ordre d'idées , qu'il ne séparait pas la réforme politique de la réforme sociale; il appartenait à la virile génération de 1830 , mais les fictions parlementaires ne l'avaient pas ébloui. Comprenant que la République est le terme logique où doit aboutir notre grande transformation de 89, il répétait souvent que la meilleure manière d'en rapprocher l'avènement et de faire tomber les prétentions injustes, c'était de se montrer digne d'elle dans les moindres circonstances de la vie et de donner ainsi l'exemple de ce que doit être un bon républicain. Cet exemple, nul mieux que M. Godefroy ne nous l'a donné, et jamais citoyen ne resta plus constamment fidèle et ne conforma mieux son existence tout entière aux devoirs imposés par la glorieuse devise : *Liberté, Égalité, Fraternité.*

Voilà ce qu'on disait dans la foule qui suivait hier la dépouille mortelle de notre vénérable ami ; voilà ce que nous avons tenu à répéter, en nous faisant l'écho affaibli du sentiment public.

Au cimetière plusieurs discours ont été prononcés. M. Morisson a parlé au nom du corps médical de Lille ; M. Victor Saint-Léger, au nom du Conseil général du Nord ; M. Castelain, au nom du Conseil municipal ; M. Honorat-Bocquet, au nom des amis du défunt.

A une heure et demie, la triste cérémonie était terminée.

Nous reproduisons maintenant l'article de l'**Echo du Nord,** du 27 septembre, rendant aussi compte des obsèques, et les quatre discours que les auteurs ont eux-mêmes prononcés.

— Ce matin ont eu lieu, dans l'église de la Madeleine, les funérailles du docteur Godefroy, au milieu d'une foule énorme qui a ensuite accompagné le corps au cimetière de l'Est.

On remarquait, dans le cortége de ceux qui avaient voulu rendre les derniers devoirs à l'honnête citoyen que nous regrettons, des conseillers généraux, le corps municipal presque entier, M. le maire de Lille et les adjoints en tête, et des notabilités lilloises appartenant à toutes les opinions.

Sur la tombe, quatre discours ont été prononcés : par M. le docteur Morisson, au nom du corps médical ; par M. le docteur Castelain, au nom du Conseil municipal ; par M. Victor Saint-Léger au nom du Conseil général, et par M. Honnorat, au nom du parti auquel appartenait le défunt.

Discours de M. Morisson.

Messieurs,

La tombe va se refermer sur les restes d'un homme qui fut une de nos amitiés les plus précieuses et une des gloires les plus pures de la Médecine lilloise ! C'est le cœur gonflé de larmes que je viens au nom de la Société centrale de médecine, au nom de l'Association des médecins du département du Nord, payer à sa mémoire si chère le tribut de douleur et de regrets que nous lui devons.

Celui dont nous déplorons la perte n'appartient pas seulement à la Société de médecine par le concours actif qu'il lui a prêté pendant près de trente années; il lui appartenait surtout par les liens d'une estime et d'une affection réciproques, dont les témoignages honorables survivront au triste évènement qui nous rassemble aujourd'hui en ce lieu.

Ce n'est point en présence de la douleur unanime et si vivement sentie de tous ceux que la reconnaissance ou l'amitié réunissent autour de ce cercueil, qu'il serait opportun d'apprécier en détail les éminents services rendus par l'excellent collègue que nous pleurons; qu'il me soit seulement permis de rappeler en peu de mots ce qu'il a fait pour notre Société :

Il lui a consacré toute son activité et tout son dévouement ;

Il a été l'un de ses membres les plus instruits et les mieux écoutés ;

Il n'a cessé d'y exercer cet ascendant puissant que fuyait sa modestie innée, mais devant lequel tous s'inclinaient, parce que notre malheureux ami était certainement le plus digne, le plus capable, le plus riche en connaissances pratiques !

Quand, il y a dix ans, se fonda notre Association de prévoyance et de secours mutuels, Godefroy nous donna dans cette rude et difficile entreprise, toute la mesure de son intelligence et de son cœur. Il ne fut pas seulement le créateur de l'œuvre, il en fut encore le bienfaiteur ! Aussi, notre digne ami vivra-t-il dans le souvenir de ceux qu'il a su réunir autour de lui, pour qu'ils apprissent à se connaître, à s'estimer ; de ceux qu'il a approchés et unis dans les liens d'une sympathique confraternité ! il vivra surtout dans l'éternelle reconnaissance de ces déshérités de la fortune, et pour emprunter une poëtique image, de ces pélerins de la science médicale tombés au milieu de leur route pénible !

Quel est celui de vous, Messieurs, qui ignore l'existence si bien remplie de Godefroy, existence toute d'activité et de labeurs, de dévouement et de bienfaisance; existence complète avant l'âge, brisée avant le temps !... Au début de sa pénible carrière, il s'était fixé au centre de ces agglomérations ouvrières, de ces populeux quartiers, qui toujours ont payé une dime funèbre à l'insalubrité. Le jour et la nuit, constamment debout, redoublant de zèle et d'entrain au milieu des épidémies les plus meurtrières, guidé par ses instincts généreux et son ardent amour de l'humanité, il courait au chevet du pauvre pour lui apporter les secours de son art ou adoucir l'amertume de ses derniers moments par ces bonnes et consolantes paroles dont lui seul avait le secret !

Plus tard, quand après une réputation brillante et justement conquise, il quitta ces quartiers généraux de la misère pour habiter la demeure où il s'est éteint, ne croyez pas que sa riche et nombreuse clientèle lui fit oublier ces ruelles étroites et sombres où il avait fait ses premiers pas ! Ce grand cœur ne connaissait ni riches ni pauvres, ni humbles ni puissants ; il ne voyait partout que des frères à secourir, et c'est ainsi qu'il comprenait la charité chrétienne.

Il la comprenait si bien, qu'il a usé sa vie à la tâche! Ne jamais trouver un instant pour s'asseoir à la table de famille, jouir à peine du repos de la nuit pour retremper son énergie et ses forces, consacrer tous ses moments au soulagement des autres, c'est assez pour briser le corps le plus sain et le plus robuste. Oui, Messieurs, Godefroy a été martyr de son devoir, et vous le savez si bien, que pas un de vous, quel que soit son rang et sa fortune, à quelque parti qu'il appartienne, n'hésite à accorder en cette heure suprême quelque témoignage de sympathie à l'expression de nos regrets !

Quant à vous, membres du corps médical, ô mes chers collègues, souvenez-vous combien les preuves éclatantes de votre gratitude envers notre malheureux ami, étaient relevées chez lui par les qualités du caractère. Souvenez-vous de cette fermeté inébranlable, de cette indépendance à toute épreuve, de cette noblesse de sentiments, de cette bienveillance universelle, inséparable de sa personne et rayonnant sans cesse de tout son être comme ces flammes généreuses qui vivifient les belles actions! Souvenez-vous surtout, et ne l'oubliez jamais, qu'il a honoré sa profession par un désintéressement, par une intégrité qu'on ne saurait surpasser !

Aussi, venez avec nous pleurer sur cette fosse entr'ouverte!.., Cette parole si austère et pourtant si bienveillante, vous ne l'entendrez plus! Cet ami que vous chérissiez et qui mettait son bonheur a vous aider de ses conseils et de sa vaste expérience, vous l'avez vu pour la dernière fois.

Adieu, Godefroy! adieu, cher et excellent collègue! Repose en paix! Ta mémoire ne périra pas, car tu fus un ami dévoué, un honnête homme et un bon citoyen !

Discours de M. Castelain.

Messieurs,

Si les sympathies publiques et l'inquiète sollicitude d'une ville entière pouvait avoir le privilége de conjurer, au moins, les coups prématurés de la mort, nous ne serions pas aujourd'hui groupés autour de cette tombe, tous réunis dans un même deuil, pour adresser un adieu suprême à notre ami Godefroy. Est-il besoin, en effet, de rappeler ici les marques de touchant intérêt qu'excita dans les rangs affligés de notre population la nouvelle de la maladie de notre regretté confrère, et les incessants témoignages d'affection qui lui furent donnés pendant cette triste période ? Ce fut alors une émotion générale, qui devait, hélas, se changer bien vite en deuil public !...

Les paroles qu'une voix amie vient de prononcer sur cette tombe ont déjà suffisamment expliqué la douleur uuiverselle inspirée par la mort de Godefroy et ont justifié ses titres à la reconnaissance publique.

Homme de science et de dévouement, Godefroy, comme il vient de vous être réprésenté, joignit les qualités de l'intelligence qui font le médecin habile à celles du cœur qui font du praticien l'ami des familles : alliance précieuse pour les malades qu'elle console, quand elle est impuissante à les guérir, mais toujours fatale pour le médecin dont les forces et la santé s'usent à l'accomplissement de ce pénible ministère. Tel fut le sort de notre malheureux ami !...

Et cependant, ces devoirs professionnels, ces exigences de clientèle, ce travail sans repos et sans délassements, dont le tableau vient d'être déroulé sous vos yeux, ne suffisaient pas encore à l'activité dévorante de Godefroy et à son insatiable besoin d'être utile à ses semblables. Il lui fallait un nouvel espace où il pût déployer ses facultés. L'occasion ne tarda pas à s'en présenter. La valeur personnelle de notre ami, ses connaissances spéciales, ses opinions franchement démocratiques, son inaltérable dévouement aux intérêts populaires l'avaient depuis longtemps signalé au choix de ses concitoyens, qui l'envoyèrent pour la première fois, le 7 juin 1843, siéger dans le sein du conseil municipal, et lui renouvelèrent successivement son mandat le 30 juillet 1848 et le 12 septembre 1852. En octobre de la même année, il refusa le serment exigé par le gouvernement et se retira de la vie publique jusqu'au 23 juillet 1865, époque où ses amis firent un nouvel appel à son ancien patriotisme, et où le corps électoral lui rouvrit les portes de la représentation municipale.

Pendant la durée de ces différents mandats, toujours fidèle à ses principes, Godefroy appuya de sa parole et de son vote toutes les questions qui avaient pour but l'amélioration morale et physique de la classe la plus déshéritée : c'est ainsi que la répartition plus équitable des subsides municipaux entre les deux administrations charitables de notre ville, la réorganisation du Mont-de-Piété et le rétablissement du prêt gratuit, la réouverture des tours qui existaient à l'hospice général pour y recueillir les enfants abandonnés, toutes ces mesures trouvèrent en lui le plus ardent défenseur. Mais ces diverses questions soumises aux délibérations du conseil, celles qui se rattachent à l'instruction du peuple et au soulagement de ces misères ont été de tout temps l'objet de ses plus vives prédilections.

Cette préférence n'étonnera nullement ceux qui ont connu les tendances politiques et les aspirations sociales de notre ami Godefroy. Pour lui, comme pour tout esprit sérieux, l'instruction primaire constituait le plus puissant moyen de civilisation et la source du bien-être des classes inférieures. Aussi cherchait-il à la répandre de la main la plus libérale sur toutes les couches de la société : exonération la plus large possible du droit d'étude, d'abord au collége royal, puis au lycée impérial, collation de bourses à l'école primaire supérieure avec droit de priorité pour les indigents, indemnités accordées aux parents pour frais de fournitures, allocation de primes aux instituteurs communaux qui auront formé dans le plus bref délai le plus d'élèves sachant lire et écrire, adoption de l'enseignement laïque, etc., tous ces avantages dont jouissent aujourd'hui les familles sont dus aux votes favorables de notre confrère ou à son intelligente initiative.

En dehors de ses attributions municipales, mais dans la même sphère d'idées, rappelons, en passant, que, membre du comité local d'instruction primaire, notre ami y rendit jusqu'en 1850 des services non moins signalés. Ce fut avec le concours infatigable des Blocquel, des Doyen, des Champon-Richebé, que Godefroy parvint à substituer à la routine des anciennes méthodes un plan d'enseignement rationnel plus en rapport avec les dispositions libérales de la loi du 20 juin 1833, et à introduire une foule d'améliorations relatives aux besoins, à la salubrité et à la direction de nos écoles communales. Mais si l'ignorance est la principale cause de la misère du peuple, l'insalubrité de ses habitations est le foyer de la plupart des maladies qui viennent l'y assaillir.

Aussi toutes les mesures relatives à l'assainissement des logements d'ouvriers trouvèrent-elles en Godefroy le champion le plus dévoué. Dans les séances du 3 mars et 11 décembre 1866, organe d'une commission municipale, Godefroy communiqua au conseil deux remarquables rapports sur cette intéressante question, et ce ne fut qu'après trois années consécutives d'études, de recherches et d'efforts, que notre confrère, enfin arrivé à la réalisation d'un de ses plus ardents désirs, devait, dans une des plus prochaines réunions du conseil, donner lecture de son dernier rapport relatif à cette question d'hygiène et d'humanité. Pauvre Godefroy! si près du port et ne pouvoir y toucher !...Je le vois encore aujourd'hui, couché sur son lit de douleur, qu'il oubliait en songeant au bien qui allait résulter de l'application de son projet : « Mon ami, me disait-il quelques jours avant sa mort, et en me confiant son travail comme membre de la commission d'assainissement du quartier Saint-Sauveur, prends ce manuscrit et communique-le au conseil. Aujourd'hui, toutes les difficultés sont aplanies et la partie est gagnée !... » Ce désir snprème, j'en ai la confiance, sera fidèlement accompli par tous ses collègues qui auront à cœur de payer à la mémoire de Godefroy un pieux tribut de sympathie et de reconnaissance.

Ai-je besoin maintenant de m'étendre davantage sur le mérite du collègue et de l'ami que nous pleurons? Je ne le pense pas. La consternation générale peinte sur les visages me prouve surabondamment que chacun apprécie l'immensité de notre perte, et que chacun, en s'associant à notre deuil légitime, a voulu en adoucir l'amertume. Aussi, en présence de cet éloquent témoignage de sympathie universelle, de ce spectacle plein de tristesse et de grandeur, rejetons bien loin cette pensée sceptique d'un grand poëte :

....Je me disais : A quoi sers-tu,
Pauvre et stérile vertu ?

Vous le voyez, Messieurs, à quoi cela sert !... Cela sert, pendant la vie, à se faire une place large et belle dans l'estime de ses concitoyens, et, après la mort, à recueillir, au fond de son tombeau, les larmes de ses amis et les angoisses de leurs cœurs...

Adieu, Godefroy !...

Discours de M. Victor Saint-Léger.

Messieurs,

Le douleureux honneur de prononcer comme conseiller général les dernières paroles d'adieu à l'homme de bien qui repose là, revenait de droit à ceux de mes collègues qui furent ses confrères et ses amis. Mais l'un vient de parler au nom de la Société de médecine qu'il préside, et l'autre, abimé dans la douleur d'une séparation si cruelle, ne s'est pas senti la force de remplir cette mission. Je viens m'en acquitter pour lui.

Un mot résume la carrière de Godefroy, et ce mot est le meilleur éloge que j'en puisse faire. Il fut l'homme du devoir.

Dans cette ville aux passions politiques ardentes, c'est notre sort à tous de n'arriver au conseil général qu'après une lutte électorale pénible, et les hommes qui, comme Godefroy, représentent l'opinion démocratique, s'y trouvent en minorité. Mais il faut le dire à l'honneur de cette assemblée, quand une fois on en a franchi le seuil, les prétentions tombent. On oublie l'adversaire politique pour ne voir que le mandataire défendant les intérêts de ses électeurs, et chacun y obtient la place que méritent son travail et son caractère.

S'il était un homme dont le caractère devait bien vite conquérir l'estime du conseil général, c'était bien Godefroy.

D'une assiduité qui était un exemple pour tous, et malgré les soins

d'une nombreuse clientèle, il arrivait des premiers dans la salle des
délibérations et ne la quittait que le dernier. Son attitude étonna bien
un peu d'abord, et peut-être fit-elle venir le sourire sur les lèvres de
plus d'un de nos collègues. Immobile à sa place, la tête penchée sur sa
poitrine, les mains jointes, il écoutait discuter les questions d'affaires
dans une sorte de recueillement qui était plutôt celui du philosophe
que de l'homme mêlé aux luttes des intérêts de ce monde. Quand on
observait sa physionomie, on voyait qu'il pesait dans sa conscience
les arguments des adversaires, et jamais certainement, conseiller
n'émit de vote plus mûrement réfléchi.

Mais lorsque le débat s'élevait aux grandes questions qui ont fait
la passion et l'honneur de la vie de Godefroy, quand il s'agissait
d'écoles, d'hôpitaux, de secours, alors il sortait de sa réserve silen-
cieuse. Ce n'était plus le juge pesant froidement les intérêts qui se
débattaient devant lui, c'était le médecin, le savant, le philanthrope,
qui sentait et parlait, et son âme si charitable passait dans sa parole.
Cette parole simple et modeste comme son cœur, faible comme la
poitrine affaiblie dont elle sortait, avait cependant le don de se faire
entendre. Elle avait en effet un tel accent d'honnête et de profonde
conviction qu'on l'écoutait en silence et en quelque sorte avec res-
pect.

La dernière session nous le montre tel que j'essaie de le dépeindre.
Il souffrait horriblement et se sentait mortellement atteint. Un de nos
collègues, médecin comme lui, l'engageait à s'abstenir d'assister aux
travaux du conseil. Il s'y refusa. Je le vois encore, la poitrine cour-
bée, les yeux éteints, les traits jaunis et contractés par la douleur,
venir s'asseoir près du bureau pour mieux saisir la physionomie des
débats qui semblait lui échapper. Un jour, il demande la parole, il
parle... on ne l'entend plus. Par une touchante sollicitude, on se
groupe autour de lui. C'est la voix d'un mourant, mais ses derniers
désirs sont exaucés. Il venait défendre une institution thérapeuthique,
l'établissement thermal de Saint-Amand. Le rapporteur avait traité
la question en homme d'affaire. Godefroy lui répond en philanthrope : « S'il s'agissait, dit-il, d'un intérêt matériel, on aurait raison
d'interpréter le contrat avec rigueur et de s'en tenir à la lettre, mais
on ne peut estimer les résultats d'une pareille entreprise avec des
chiffres. Il s'agit, avant tout, de la santé publique, de la guérison

d'infirmités nombreuses dont les plus graves affectent surtout les classes malheureuses, les ouvriers, ceux qui travaillent physiquement. » Enfin, malgré le bureau et le rapporteur, le conseil lui donne raison et l'établissement des boues de Saint-Amand lui doit en grande partie le subside qui le relève.

C'est le dernier service qu'il rendra. Un mois s'est à peine écoulé depuis et Godefroy sortait de la vie, le cœur ferme, la conscience tranquille en homme de bien qu'il était. Il repose aujourd'hui dans l'éternité après une existence de labeur et de dévouement, lassé de la route peut-être comme le sont ceux qui ont beaucoup aimé et qui se sont beaucoup dévoués. Je ne saurai le plaindre. Plaignons plutôt ceux qui restent ; sa compagne en pleurs, ces malades dont il était la consolation et l'espoir, ces corps savants sur lesquels il jetait tant d'éclat, ces assemblées, la cité dont il était l'honneur. On l'a dit et je ne puis que le répéter, c'est bien là un deuil public. Le conseil général, s'il était assemblé, s'y serait associé ; je m'en fais ici le garant, en présence de cette foule émue et de cette tombe qui va se fermer !

Discours de M. Honnorat-Bocquet.

Godefroy,

Il faut que ton mérite fut bien grand et les services que tu as rendus bien nombreux, pour que le plus humble de tes amis puisse trouver quelque chose encore à dire sur cette tombe où des voix éloquentes viennent de s'y faire entendre au nom des diverses assemblées dans lesquelles ton absence fera un si grand vide, et au nom de la science dans laquelle tu étais depuis si longtemps connu.

Mais à côté de ta vaste intelligence, de ton amour du travail et de ton zèle pour l'accomplissement du devoir, il y avait ton cœur aimant, ta bonhommie, ton caractère et ta volonté de fer, il y avait enfin, chez toi, cet homme qui sait compatir à tout et ne trembler devant rien.

Charité chrétienne, dévouement sans bornes, abnégation complète, patriotisme à toute épreuve ; tout était réuni dans cette frêle organisation dont le moral avait complètement absorbé le physique.

Avions-nous à soulager de ces infortunes qui honorent leurs victimes, on allait et on n'allait jamais en vain frapper à ta porte.

Fallait-il trouver, pour affirmer un principe, un candidat à mettre en opposition à ceux qui se sont dès longtemps fait un jeu de tous les principes, on allait trouver Godefroy qui répondait toujours : « Mes amis, je vous remercie de l'honneur que vous me faites, mais il faudrait un plus digne que moi, ma candidature vous fera subir un échec, voyez, cherchez, et si, en fin de compte, vous ne trouvez personne, du moment que c'est dans l'intérêt de la bonne cause, je me mets à votre disposition.

S'agissait-il de prévenir ceux qu'un zèle trop ardent pouvait compromettre, même parmi ses adversaires politiques, Godefroy se transformait de suite en charitable émissaire pour éviter des désagréments à un frère ; car pour lui, enfants du même Dieu, tous les hommes étaient frères, bien que les potentats qui asservissent le monde, feignant d'ignorer cette importante partie de la sublime morale du Christ, les poussent impitoyablement les uns contre les autres pour la satisfaction de leur insatiable ambition.

Dans ses derniers moments, il ne se plaignit pas de peur d'attrister son entourage.

Rien de ce qui nous fait redouter la dernière heure ne s'est manifesté chez lui ; la paix du cœur, le calme d'une conscience pure se reflétait sur son visage, il s'est éteint comme une fleur qui s'étiole après avoir répandu autour d'elle les plus délicieux parfums.

Godefroy est mort comme le chevalier Bayart, sans peur et sans reproches.

Oui, cher ami, ta vie ne fut qu'une longue série de bienfaits, ta fin a couronné l'œuvre, et tu peux dire comme Bias, à ceux qui veillent aux portes de l'éternité : *Omnia mecum porto.*

Tu portes tout avec toi, on trouvera dans ton cœur tout ce qu'il faut pour entreprendre le grand voyage, la belle âme que le Créateur t'avait donnée pour guide s'est envolée au milieu des manifestations de l'estime publique, ornée de tout le bien que tu as fait sur la terre, et toi, du moins, tu peux la rendre à Dieu, car tu ne l'a pas vendue.

Tu n'auras pas touché la terre promise ; tu n'auras pas vu fleurir cet arbre que tu as cultivé avec tant de zèle et de persévérance ; mais ceux qui auront le bonheur d'en goûter les fruits ne t'oubliront pas, ton sonvenir restera gravé dans le cœur de tous ceux qui t'ont connu, et ton programme sera toujours le code réglementaire de nos aspirations :

Paix et fraternité entre tous les hommes.

Egalité parfaite des citoyens devant la loi.

Complète indépendance du vote.

Honnêteté dans l'administration.

Extension de l'instruction publique.

Sage liberté partout et pour tous.

Voilà ce que tu nous a prêché, voilà ce à quoi nous devons aboutir, voilà ce que la génération nouvelle doit conquérir, et elle réussira ; car, quand un pareil citoyen tombe, la France en produit de nouveaux, prêts à combattre l'arbitraire et l'obscurantisme, ces deux fléaux de notre époque.

Puisse cette assurance adoucir l'amertume des mécomptes que nous avons dès longtemps partagés avec toi.

Caché comme une violette à l'ombre de ta modestie , tu ne fus pas atteint par les faveurs gouvernementales, ta boutonnière, vierge de toutes distinctions, ne fit pas figurer ton nom sur ce grand livre où l'on trouve trop souvent des amours-propres satisfaits, mêlés aux illustrations et aux dévouements dont la France s'honore. Mais s'il ne fut pas couché sur celui de la chancellerie, ton nom sera inscrit en grandes lettres au livre des hommes utiles de la main de ceux que tu as si souvent secouru par ta science, dirigé par tes conseils, moralisé par tes exemples.

Les bénédictions du peuple valent bien les faveurs du pouvoir.

Dans le malheur qui vient de l'enlever à notre affection, qui est le plus frappé ?

C'est l'épouse qui perd un pareil protecteur ; ce sont les membres des différents conseils dont il faisait partie qui se voient privés d'un aussi éminent collaborateur ; ce sont les malheureux qui voient disparaître leur plus zélé protecteur.

Ce sont ses amis que sa parole sympathique ne saura plus charmer.

C'est enfin le parti libéral qui perd en lui un des plus beaux fleurons de sa couronne démocratique.

Quant à celui que nous pleurons, fatigué des turpitudes humaines, las de naviguer sur ce torrent où l'immoralité coule à pleins bords, il avait besoin de repos.

Pour lui éviter le spectacle de nouveaux malheurs qui pourraient affliger la patrie, Dieu a touché sa paupière, il lui a envoyé le sommeil du juste, il s'est endormi bercé par l'affection de tous.

Amis, bénissons-le, mais ne l'éveillons pas. C'est par le silence et le recueillement que nous devons honorer sa mémoire.